Yiddish Short Stories for Beginners (A1) Skill Level

Yiddish Reading Practice

Written By: Sebastian D. Cutillo

No part of "Yiddish Short Stories for Beginners (A1) Skill Level: Yiddish Reading Practice" by Sebastian D. Cutillo may be reproduced, stored in a retrieval system, or transmitted in any form or by any means, whether electronic, mechanical, photocopying, recording, scanning, or otherwise, without the prior written permission of the publisher.

© 2024 Sebastian D. Cutillo

Table of Contents:

אַ טאָג אין פּאַרק	1
דער פֿאַרלוירענער קאַץ	4
דער נייער פֿרײַנד	7
אַ רייזע צו די שפּײַזקראָם קראָם	10
דער רעגנדיקער טאָג	13
דער געבורטסטאָג־פֿ ײַער	16
דער פֿאַרלוירענער הוט	19
דער פּיקניק	23
דער נייער חיות־טיר	27
טימס פֿיש־אונג	31
דער פֿאַרלוירענער הונט	35
דער נייער שכנות־מעשׂה	39
אַ טאָג אין דער זאָאָ	43
אַ טאָג פֿון איינקויפֿן	47
אַ באַזוך אין דער ביבליאָטעק	51
אַ רייזע צום דאָקטער	54
קאכן מיטאָג	57
אַ רייזע צו דעם ים	60
אַ טאָג אין גאָרטן	63
וואָשן די מאַשין	66

א טאָג אין פּאַרק

עמאַ וועקט זיך אויף פֿרי אין דער מאָרגן. זי עסט פֿרישטיק מיט איר משפּחה. נאָך פֿרישטיק באַשלוסט עמע צו גיין אין פּאַרק. זי ציט אָן איר שיך און נעמט איר רעקל.

אין פּאַרק זעט עמע אַ גרויס בוים. זי גייט אַריבער און זיצט אונטער אים. דער זון שיינט, און די פייגל זינגען. עמע פילט זיך פרייליך. זי זעט די קינדער שפּילן אויף די שווענגל און די סליידס.

נאָך אַ ווײַל שטייט עמע אויף און גייט צו דעם טייך. זי זעט אַ טוץ שווימען אין וואַסער. עמע וואַרפֿט ברויט קרומען צו די טוץ. זיי קוואַקן און שווימען נעענטער צו איר.

עמע בלײַבט נאָך אַ פּאָר שעה אין פּאַרק. זי הנאהט פֿון דער פרישער לופט און די קלאַנגען פון נאַטור. ווען עס הייבט אָן צו פאַרטונקלען, באַשלוסט עמע אַז עס איז צייט צו גיין אַהיים. זי גייט צוריק אַהיים, פילנדיק זיך רויִק און צופרידן.

ווען עמע קומט אַהיים, דערציילט זי איר משפּחה וועגן איר טאָג. זיי אַלע זיצן צוזאַמען און עסן מיטאָג. דאָס איז געווען אַ גוטער טאָג אין פּאַרק.

Vocabulary List

Yiddish Word	English Translation
וועקט זיך אויף	Wakes up
מאָרגן	Morning
פֿרישטיק	Breakfast
משפחה	Family
באַשלוסט	Decides
פּאַרק	Park
ציט אָן	Puts on
רעקל	Jacket
בוים	Tree
זיצט	Sits
זון	Sun
פייגל	Birds
שווענגל	Swings
טייך	Pond
טוץ	Ducks
שווימען	Swimming
ברויט קרומען	Bread crumbs
רויִק	Relaxed
צופרידן	Content
מיטאָג	Dinner

Questions about the Story

1. What does Emma do after eating breakfast?
   a) She goes back to sleep.
   b) She goes to the park.
   c) She plays with her toys.

2. What does Emma see under the tree?
   a) A dog
   b) The sun shining and birds singing
   c) A picnic table

3. What does Emma feed to the ducks?
   a) Apples
   b) Bread crumbs
   c) Seeds

4. Why does Emma decide to go home?
   a) It starts to get dark.
   b) She gets hungry.
   c) She gets tired.

5. What does Emma do when she gets home?
   a) Goes straight to bed
   b) Tells her family about her day
   c) Reads a book

Answer Key

1. b
2. b
3. b
4. a
5. b

<u>דער פארלוירענער קאַץ</u>

לענע האָט אַ קאַץ מיטן נאָמען מײלאָ. מײלאָ איז אַ קלײנער, אָראַנדזשער קאַץ מיט גרויסע גרינע אויגן. יעדן מאָרגן גיט לענע מײלאָ צו עסן און שפּילט מיט אים. מײלאָ ליבט צו יאָגן שפּילעכלעך אַרום אין שטוב.

איין טאָג קען לענע נישט געפֿינען מײלאָ. זי זוכט אין דער קיך, אין דעם װאױנצימער, און אַפֿילו אין איר שלאָפֿצימער, אָבער מײלאָ איז נישט דאָ. לענע הײבט אָן צו זאָרגן. זי רופֿט מײלאָ, **"מײלאָ, װוּ ביסטו?"** אָבער עס איז קײן ענטפֿער נישט.

לענע גײט אַרױס צו זוכן מײלאָ. זי קאָנטראָלירט דעם גאָרטן, דעם פֿאָרהויף, און די גאַראַזש. צום סוף הערט זי אַ שװאַכן **"מיאַו"** קומען פֿון אַ קרױבל. לענע לױפֿט צו דעם קרױבל און זעט מײלאָ זיך דאָרט באַהאַלטן. ער קוקט אויס דערשראָקן.

לענע הײבט אויף מײלאָ און דריקט אים צו זיך. זי איז אַזוי צופֿרידן צו געפֿינען אים. זי נעמט מײלאָ צוריק אין שטוב און גיט אים זײַן באַליבסטע באַזונדערן עסן. מײלאָ פֿוסט און רײַבט זיך אויף לענעס פֿוס. לענע איז צופֿרידן אַז מײלאָ איז זיכער אין שטוב.

Vocabulary List

Yiddish Word	English Translation
קאַץ	Cat
נאָמען	Name
אויגן	Eyes
מאָרגן	Morning
גיט צו עסן	Feeds
שפּילט	Plays
יאָגן	Chase
שפּילעכלעך	Toys
שטוב	House
זוכט	Looks for
שלאָפצימער	Bedroom
זאָרגן	Worry
רופט	Calls
ענטפֿער	Answer
גאָרטן	Garden
גאַראַזש	Garage
קרויבל	Bush
פּוסט	Purrs
רייבט זיך	Rubs
זיכער	Safe

Questions about the Story

1. What is the name of Lena's cat?
   a) Max
   b) Milo
   c) Leo

2. Where does Lena first look for Milo?
   a) The kitchen, the living room, and the bedroom
   b) The garden, the garage, and the backyard
   c) The park, the attic, and the basement

3. Where does Lena finally find Milo?
   a) Under the table
   b) Behind a chair
   c) In a bush

4. What does Lena do when she finds Milo?
   a) She picks him up and hugs him
   b) She scolds him for running away
   c) She leaves him outside

5. What does Milo do when he gets back inside?
   a) Runs away again
   b) Purrs and rubs against Lena's leg
   c) Goes to sleep immediately

Answer Key

1. b
2. a
3. c
4. a
5. b

דער נייער פריינד

טאַם איז אַ נייער תּלמיד אין דער שולע. ער פֿילט זיך אַ ביסל נערוועז ווייל ער קען קיינעם נישט. בעשאַס מיטאָג, זיצט טאַם אַליין ביי אַ טיש. ער עסט זיין זאַנדוויטש שטיל.

ווען טאַם עסט, קומט אַ בחור מיטן נאָמען דזשאַק צו אים. דזשאַק שמייכלט און פֿרעגט, **"קען איך זיצן מיט דיר?"** טאַם שמייכלט צוריק און זאגט, **"זיכער!"**

דזשאַק זיצט אַראָפּ, און זיי הייבן אָן צו שמועסן. טאַם און דזשאַק געפֿינען אַרויס אַז זיי ביידע ליבן פֿוסבאָל. זיי רעדן וועגן זייערע באַליבסטע מאַנשאַפֿט און שפּילער. דזשאַק לאַדט טאַם צו שפּילן פֿוסבאָל נאָך דער שולע. טאַם איז אויפֿגערעגט און שטימט צו.

נאָך דער שולע, שפּילן טאַם און דזשאַק פֿוסבאָל מיט עטלעכע אַנדערע קינדער. זיי האָבן אַ סך שפּאַס. טאַם איז צופרידן אַז ער האָט געפֿונען אַ נייעם פריינד.

דער ווייטער טאָג פֿילט זיך טאַם מער זיכער אין דער שולע. ער ווייסט אַז ער האָט איצט אַ פריינד.

Vocabulary List

Yiddish Word	English Translation
תּלמיד	Student
שולע	School
נערוועז	Nervous
קיינעם	Anyone
מיטאָג	Lunch
טיש	Table
עסט	Eats
זאַנדוויטש	Sandwich
שטיל	Quietly
בחור	Boy
שמייכלט	Smiles
פֿרעגט	Asks
שמועסן	Talking
ביידע	Both
ליבן	Like
מאַנשאַפֿט	Team
שפּילער	Players
אויפֿגערעגט	Excited
שטימט צו	Agrees
זיכער	Confident

Questions about the Story

1. Why does Tom feel nervous at school?
   a) He doesn't know anyone.
   b) He doesn't like his lunch.
   c) He is late for class.

2. What does Jack ask Tom?
   a) If he can sit with him.
   b) If he wants to trade sandwiches.
   c) If he wants to go outside.

3. What sport do Tom and Jack both like?
   a) Basketball
   b) Baseball
   c) Soccer

4. What does Jack invite Tom to do?
   a) Ride bikes together.
   b) Study together after school.
   c) Play soccer after school.

5. How does Tom feel the next day?
   a) More tired.
   b) More confident.
   c) More nervous.

Answer Key

1. a
2. a
3. c
4. c
5. b

<u>אַ רייזע צו די שפּייזקראָם קראָם</u>

סאַראַ דאַרף קויפֿן עטלעכע שפּייַזקראָם. זי מאַכט אַ רשימה: מילך, ברויט, אייער, און עפּל. סאַראַ ציט אָן איר מאַנטל און פֿאַרלאָזט איר היים.

די שפּייַזקראָם קראָם איז נישט ווײַט פֿון איר היים. סאַראַ גייט דאָרט אין בערך צען מינוט. ווען זי קומט אָן, נעמט זי אַ קאָרב און הייבט אָן איינקויפֿן.

ערשטער, גייט סאַראַ צו דער מילכפּראָדוקטן אָפּטיילונג. זי געפֿינט די מילך און לייגט עס אין איר קאָרב. נאָכדעם, גייט זי צו דער בעקערײַ און קלויבט אַ ברויט. דערנאָך, גייט זי צו דער אויבטיילונג צו נעמען אַ פּאָר עפּל. צום סוף, נעמט סאַראַ אַ קאַרטאָן מיט אייער.

ווען זי האָט אַלץ אויף איר רשימה, גייט סאַראַ צו דער קאַשע. דער קאַסיר שמייכלט און זאָגט, **"העלא, ווי גייט עס?"**סאַראַ שמייכלט צוריק און זאָגט, **"איך בין גוט, אַ דאַנק."**

סאַראַ צאָלט פֿאַר איר שפּייַזקראָם און לייגט זיי אין איר זעקל. זי גייט אַהיים, פילנדיק זיך צופרידן אַז זי האָט באַקומען אַלץ וואָס זי האָט געדאַרפֿט. ווען זי קומט אַהיים, לייגט סאַראַ אוועק די שפּייַזקראָם און מאַכט זיך אַ טעפּל טיי. דאָס איז געווען אַ גוטע רייזע צו די שפּייַזקראָם קראָם.

Vocabulary List

Yiddish Word	English Translation
שפּייַזקראָם	Groceries
רשימה	List
מילך	Milk
ברויט	Bread
אייער	Eggs
עפּל	Apples
מאַנטל	Coat
היים	Home
קראָם	Store
קאָרב	Basket
מילכפּראָדוקטן	Dairy products
בעקערײַ	Bakery
אויבסטיילונג	Produce section
קאַרטאָן	Carton
קאַשע	Checkout
קאַסיר	Cashier
צאָלט	Pays
זעקל	Bag
צופרידן	Happy
טעפּל טיי	Cup of tea

Questions about the Story

1. What does Sara need to buy?
   a) Milk, bread, eggs, and apples
   b) Cheese, oranges, and cookies
   c) Meat, rice, and bananas

2. How does Sara get to the grocery store?
   a) She takes a bus.
   b) She walks.
   c) She rides a bike.

3. Where does Sara go first in the store?
   a) The bakery
   b) The produce section
   c) The dairy section

4. What does the cashier say to Sara?
   a) "Do you need help?"
   b) "Hello, how are you?"
   c) "Would you like a receipt?"

5. What does Sara do when she gets home?
   a) She puts away the groceries and makes tea.
   b) She takes a nap.
   c) She goes back to the store.

Answer Key

1. a
2. b
3. c
4. b
5. a

דער רעגנדיקער טאָג

עס איז אַ רעגנדיקער טאָג, און בען איז אין דער היים. ער קוקט אַרויס דורך פֿענצטער און זעט ווי די רעגן־טראָפּנס פֿאַלן.

בען האָט געוואָלט שפּילן אינדרויסן, אָבער איצט מוז ער בלײַבן אינעווייניק. בען באַשליסט צו טאָן עפּעס שפּאַסיק. ער גייט אין זײַן צימער און געפֿינט זײַן באַליבסטע בוך. דאָס בוך איז וועגן חיות.

בען ליבט חיות, בפֿרט הינט און קעץ. ער זיצט אויף דער סאָפֿע און הייבט אָן לייענען. ווי ער לייענט, הערט ער ווי דער רעגן קלאַפּט אויפֿן דאַך.

דער רעגן־קלאַנג מאַכט אים פֿילן באַקוועם און רויִק. נאָך לייענען אַ ווײַל, רופֿט בענס מאַמע אים צו מיטאָג.

בען לייגט דאָס בוך אַראָפּ און גייט אין קיך. זיי עסן צוזאַמען זופּ און ברויט. די וואַרעמע זופּ איז פּאַסיק פֿאַר אַ רעגנדיקן טאָג.

נאָך מיטאָג, האָט דער רעגן אויפֿגעהערט. בען איז צופֿרידן. ער ציט אָן זײַנע רעגן־שטיוול און רעקל און גייט אַרויס שפּילן.

ער שפּרינגט אין די פּאָדלער און האָט אַ סך שפּאַס. בענס רעגנדיקער טאָג איז צום סוף געווען זייער לוסטיק.

Vocabulary List

Yiddish Word	English Translation
רעגנדיקער טאָג	Rainy day
היים	Home
פֿענצטער	Window
רעגן־טראָפּנס	Raindrops
אינדרויסן	Outside
אינעווייניק	Indoors
באַשליסט	Decides
שפּאַסיק	Fun
צימער	Room
באַליבסטע	Favorite
בוך	Book
חיות	Animals
בפֿרט	Especially
סאָפֿע	Couch
לייענען	Reading
דאַך	Roof
באַקוועם	Cozy
רויק	Relaxed
זופּ	Soup
פּאָדלער	Puddles

Questions about the Story

1. What does Ben see outside the window?
   a) Snowflakes falling
   b) Raindrops falling
   c) Leaves blowing in the wind

2. What does Ben decide to do inside?
   a) Watch television
   b) Read his favorite book
   c) Draw a picture

3. What does Ben eat for lunch?
   a) Pizza and salad
   b) Soup and bread
   c) A sandwich and fruit

4. What happens after lunch?
   a) The rain stops
   b) The sun sets
   c) It starts snowing

5. What does Ben do when he goes outside?
   a) Plays soccer
   b) Jumps in puddles
   c) Rides his bike

Answer Key

1. b
2. b
3. b
4. a
5. c

דער געבורטסטאָג־פֿײַער

אַנאַ איז אויפֿגערעגט, ווייל הײַנט איז איר געבורטסטאָג. זי ווערט אַכט יאָר אַלט. אירע עלטערן האָבן פּלאַנירט אַ קליין געבורטסטאָג־פֿײַער פֿאַר איר.

אַנאַ לאַדט אירע בעסטע חבֿרים צו דער פֿײַער. אין דער נאָכמיטאָג קומען אַנאַס חבֿרים אָן. זיי ברענגען מתּנות און בלאַנז. אַנאַ איז זייער צופרידן זיי צו זען.

זיי אַלע גייען אין דעם וווינצימער, ווו עס איז אַ גרויסער טאָרט אויף דעם טיש. דער טאָרט האָט אַכט ליכט. אַנאַס מאַמע צינדט אָן די ליכט, און אַלע זינגען **"אַ פראָסטע געבורטסטאָג"** פֿאַר איר.

אַנאַ מאַכט אַ געוואָלטן און בלאָזט אויס די ליכט. אַלע קלאַפּן און יובלען.

נאָך דעם, עסן זיי טאָרט און שפּילן שפּילער. זיי שפּילן **מוזיקאַלישע בענקלעך** און **פּין דעם עק אויף דעם אייזל**. אַלע האָבן אַ סך שפּאַס.

אין סוף פֿון דער פֿײַער, מאַכט אַנאַ אויף אירע מתּנות. זי באַקומען אַ נײַע פּופּע, אַ פּאַזל, און אַ בוך. אַנאַ דאַנקט אירע חבֿרים פֿאַר די מתּנות און פֿאַר קומען צו איר פֿײַער.

דאָס איז דער בעסטער געבורטסטאָג וואָס אַנאַ האָט קאָד געהאַט.

Vocabulary List

Yiddish Word	English Translation
געבורטסטאָג	Birthday
אויפֿגערעגט	Excited
עלטערן	Parents
קליין	Small
חבֿרים	Friends
נאָכמיטאָג	Afternoon
מתּנות	Gifts
באַלאָנז	Balloons
צופֿרידן	Happy
וווינצימער	Living room
טאָרט	Cake
ליכט	Candles
צינדט אָן	Lights (a candle)
קלאַפּן	Clap
יובלען	Cheer
שפּילער	Games
מוזיקאַלישע בענקלעך	Musical chairs
פּופּע	Doll
פּאַזל	Puzzle
בעסטער	Best

Questions about the Story

1. Why is Anna excited?
   a) She is going on vacation.
   b) It is her birthday.
   c) She is starting a new school.

2. What do Anna's friends bring to the party?
   a) Flowers and books
   b) Gifts and balloons
   c) Ice cream and cookies

3. How many candles are on Anna's cake?
   a) Six
   b) Seven
   c) Eight

4. What games do the children play?
   a) Hide and seek and tag
   b) Musical chairs and pin the tail on the donkey
   c) Chess and checkers

5. What gift does Anna receive?
   a) A bike
   b) A doll, a puzzle, and a book
   c) A toy car

Answer Key

1. b
2. b
3. c
4. b
5. b

<u>דער פאַרלוירענער הוט</u>

דזשיימס ליבט זײַן בלויען הוט. ער טראָגט אים יעדן טאָג, צי עס איז זוניקער אָדער רעגנדיק.

אַ מאָרגן קען דזשיימס נישט געפֿינען זײַן הוט. ער זוכט איבעראַל אין זײַן צימער, אָבער ער איז נישטאָ. דזשיימס פֿילט זיך טרויעריק.

ער פֿרעגט זײַן מאַמע, **"האָסטו געזען מײַן בלויען הוט?"**

זײַן מאַמע שאָקלט מיטן קאָפּ און זאָגט, **"ניין, איך האָב עס נישט געזען. האָסטו געקוקט אין דעם ווינצימער?"**

דזשיימס לויפֿט אין ווינצימער און זוכט, אָבער דער הוט איז אויך נישטאָ.

ער קוקט אונטער דער סאָפֿע, הינטערן טעלעוויזאָר, און אַפֿילו אין דער קיך. אָבער עס איז נישטאָ קיין הוט.

דזשיימס באַשליסט צו גיין אַרויס און זוכן אין דעם גאָרטן. ער גייט אַרום די בלומען און ביימער, אָבער ער קען נאָך נישט געפֿינען זײַן הוט.

גראַד ווי ער וויל אויפֿגעבן, זעט ער עפּעס בלויעס אין גראָז.

דזשיימס לויפֿט צו דעם אָרט און נעמט עס אַרויף.
דאָס איז זײַן בלויער הוט!

ער איז אַזוי צופֿרידן. ער לייגט דעם הוט צוריק אויף זײַן קאָפּ און לויפֿט אַהיים צו זאָגן זײַן מאַמע.

"מאַמע, איך האָב געפֿונען מײַן הוט! ער איז געווען אין גאָרטן די גאַנצע צײַט!"

דזשיימס זאָגט מיט אַ גרויסן שמייכל.

זײַן מאַמע שמייכלט צוריק און זאָגט, **"איך בין** צופֿרידן אַז דו האָסט עס געפֿונען, דזשיימס."

Vocabulary List

Yiddish Word	English Translation
הוט	Hat
בלויען	Blue
טראָגט	Wears
זוניקער	Sunny
רעגנדיק	Rainy
מאָרגן	Morning
זוכט	Looks for
איבעראַל	Everywhere
צימער	Room
טרויעריק	Sad
מאַמע	Mom
שאָקלט מיטן קאָפּ	Shakes her head
וווינצימער	Living room
סאָפֿע	Couch
טעלעוויזאָר	TV
קיך	Kitchen
גאָרטן	Garden
בלומען	Flowers
גראָז	Grass
שמייכל	Smile

Questions about the Story

1. Why is James sad?
    a) He lost his favorite hat.
    b) It is raining outside.
    c) His mom is mad at him.

2. Where does James look first?
    a) In the living room
    b) In his room
    c) In the kitchen

3. Where does James finally find his hat?
    a) Under the couch
    b) In the garden
    c) Behind the TV

4. What color is James's hat?
    a) Red
    b) Blue
    c) Green

5. How does James feel when he finds his hat?
    a) Happy
    b) Angry
    c) Tired

Answer Key

1. a
2. b
3. b
4. b
5. a

דער פּיקניק

לילי און איר משפּחה באַשליסן צו גיין אויף אַ פּיקניק. עס איז אַ זוניקער שבת, און זיי ווילן הנאה האָבן פֿון דעם שיין וועטער.

לילי העלפֿט איר מאַמע פּאַקן דעם פּיקניק־קאָרב מיט זאַנדוויטשן, פֿרוכט, און טרינקען. זיי פֿאָרן צום פּאַרק, וווּ עס זענען גרויסעביימער און אַ קליין אָזערע.

ליליס טאַטע געפֿינט אַ שיין אָרט אונטער אַ בוים, און זיי לייגן אַרויס אַ דעקע.

לילי און איר קליינער ברודער לויפֿן אַרום און שפּילן, בשעת די עלטערן שטעלן צונויף דעם פּיקניק.

נאָך שפּילן אַ ווײַל, זעצן זיך לילי און איר ברודער צו עסן. די זאַנדוויטשן זענען געשמאַק, און די פֿרוכט איז זיס.

נאָך דעם וואָס זיי ענדיקן עסן, גיין לילי און איר משפּחה שפּאַצירן אַרום דעם אָזערע. זיי זעען טוץ שווימען אין וואַסער.

אויפֿן וועג צוריק צום פּיקניק־אָרט, געפֿינט לילי שיינע בלומען. זי קלײַבט אַ פּאָר און גיט זיי איר מאַמע.

איר מאַמע שמייכלט און זאָגט, **"אַ דאַנק, לילי. זיי זענען הערליך!"**

נאָך אַ שפּאַסיקן טאָג אין פּאַרק, פּאַקן זיי אַלץ צונויף און פֿאָרן אַהיים. לילי פֿילט זיך פֿריילעך און מיד.

דאָס איז געווען אַ פּרעכטיקער פּיקניק.

Vocabulary List

Yiddish Word	English Translation
פּיקניק	Picnic
משפּחה	Family
באַשליסן	Decide
זוניקער	Sunny
שבת	Saturday
וועטער	Weather
פּאַקן	Pack
פּיקניק־קאָרב	Picnic basket
זאַנדוויטש	Sandwich
פֿרוכט	Fruit
טרינקען	Drinks
פּאַרק	Park
אָזערע	Lake
בוים	Tree
דעקע	Blanket
לויפֿן	Run
שפּילן	Play
שווימען	Swim
בלומען	Flowers
פּערפֿעקטיקער	Perfect

Questions about the Story

1. Where does Lily and her family go for a picnic?
   a) The beach
   b) The park
   c) The backyard

2. What does Lily help her mom do?
   a) Pack the picnic basket
   b) Set up the blanket
   c) Drive the car

3. What do Lily and her brother do before eating?
   a) Take a nap
   b) Run around and play
   c) Feed the ducks

4. What does Lily give her mom?
   a) A balloon
   b) Some flowers
   c) A drawing

5. How does Lily feel at the end of the day?
   a) Tired and happy
   b) Bored and grumpy
   c) Sleepy and cold

Answer Key

1. b
2. a
3. b
4. b
5. a

דער נייער חיות־טיר

עמילי האָט שטענדיק געוואָלט האָבן אַ חיות־טיר. איין טאָג, איבערראַשט זי אירע עלטערן מיט אַ קליינער, פֿלאָפּיקער קעצעלע. עמילי איז אַזוי אויפֿגערעגט!

זי גיט דעם קעצעלע דעם נאָמען **וויסקערס** צוליב זײַנע לאַנגע שוואַנצלעכער.

וויסקערס איז זייער שפּילעריש. ער ליבט צו יאָגן וואָלקליידער און צו שפּרינגען אויף עמיליס שפּילעכלעך.

עמילי ליבט צו זען ווי וויסקערס לויפֿט אַרום אין שטוב. אַ מאָל באַהאַלט ער זיך אונטער בעט, און עמילי מוז אים זוכן.

יעדן מאָרגן גיט עמילי וויסקערס צו עסן און גיט אים פֿרישע וואַסער. זי בערשט אויך זײַן פֿעל צו האַלטן עס ווייך און ריין.

וויסקערס פּוסט פּריילעך ווען עמילי קער אַ זאָרג פֿאַר אים.

אַ נאָכמיטאָג נעמט עמילי וויסקערס אַרויס שפּילן אין גאָרטן. וויסקערס יאָגט פֿליגלינגען און פֿאָרשעט די בלומען.

עמילי פּאַסט גוט אויף אים, אַזוי אַז ער זאָל נישט זיך פֿאַרלירן.

אין סוף פֿון טאָג קרומט זיך וויסקערס אין עמיליס אויפֿן לאַפּ און פֿאַלט אין שלאָף.

עמילי שמייכלט און קלאַפּט אים אויף דער שפּאַנונג. זי איז אַזוי צופֿרידן צו האָבן וויסקערס ווי איר נײַע חיות־טיר.

Vocabulary List

Yiddish Word	English Translation
חיות־טיר	Pet
איבערראַשט	Surprise
קליינער	Small
פֿלאָפּיקער	Fluffy
קעצעלע	Kitten
נאָמען	Name
שוואַנצלעכער	Whiskers
שפּילעריש	Playful
וואָלקליידער	Balls of yarn
שפּרינגען	Pounce
שפּילעכלעך	Toys
לויפֿן	Run
באַהאַלט זיך	Hides
זוכן	Find/Search
פֿרישע וואַסער	Fresh water
בערשט	Brushes
פּוסט	Purrs
גאָרטן	Garden
פֿליגלינגען	Butterflies
שלאָף	Sleep

Questions about the Story

1. What kind of pet does Emily get?
   a) A kitten
   b) A puppy
   c) A rabbit

2. Why does Emily name her pet Whiskers?
   a) Because he has long whiskers
   b) Because he is white
   c) Because he jumps a lot

3. What does Whiskers like to do?
   a) Chase balls of yarn and play with toys
   b) Sleep all day
   c) Bark at strangers

4. Where does Emily take Whiskers in the afternoon?
   a) To the park
   b) To the vet
   c) To the garden

5. What does Whiskers do at the end of the day?
   a) Falls asleep in Emily's lap
   b) Eats a big dinner
   c) Runs around the house

Answer Key

1. a
2. a
3. b
4. c
5. c

<u>טימס פֿיש־אונג</u>

טימ ליבט צו פֿישן. איין שבת־פֿרי באַשליסט ער צו גיין פֿישן מיט זײַן טאַטע.

זיי פּאַקן אַ פּיקניק און אַלע זייערע פֿישערײַ־געצייג אין דער מאַשין. טימ איז זייער אויפֿגערעגט פֿאַר דער רייזע.

ווען זיי קומען אָן צום אָזערע, גרייטן טים און זײַן טאַטע זייערע פֿיש־שטענדער. טימס טאַטע לערנט אים ווי צו לייגן דעם זעץ אויף דעם האַקן און וואַרפֿן דעם פֿעדעם אין וואַסער.

טימ וואַרט מיט געדולד, קוקנדיק אויף דעם וואַסער. נאָך אַ ווײַל, פֿילט ער אַ ציען אויף זײַן פֿעדעם. ער ציט עס אויפֿן אַכטזאַם און איז צופרידן צו געפֿינען אַ גרויס פֿיש אויפֿן האַקן.

טימס טאַטע העלפֿט אים אַראָפּנעמען דעם פֿיש און לייגן עס אין אַ עמער.

זיי גייען ווייטער פֿישן און האָבן אַ סך שפּאַס. טימ כאַפּט נאָך צוויי פֿיש, און זײַן טאַטע כאַפּט איינער.

נאָך פֿישן, זעצן זיי זיך אַראָפּ פֿאַר זייער פּיקניק בײַם אָזערע. טים און זײַן טאַטע עסן זאַנדוויטשן און פֿרוכט און רעדן וועגן זייערע באַליבסטע פֿישערײַ־אָרטער.

זייביידע מסכּים אַז עס איז געווען אַ פּרעכטיקער טאָג.

אין סוף פֿון טאָג, פּאַקן טים און זײַן טאַטע אַלץ צונויף און פֿאָרן אַהיים.

טים איז זייער שטאָלץ אויף זײַן גרויסן פֿיש און אויפֿגערעגט צו דערציילן זײַנע חבֿרים וועגן דער רייזע.

ער וואַרט שוין פֿאַר זייער ווײַטערע פֿיש־אונג אַבענטור.

Vocabulary List

Yiddish Word	English Translation
פֿישן	Fishing
שבת־פֿרי	Saturday morning
באַשליסן	Decide
פּיקניק	Picnic
פֿישעריַי־געצייַג	Fishing gear
מאַשין	Car
אָזערע	Lake
פֿיש־שטענדער	Fishing pole
זעץ	Bait
האָקן	Hook
פֿעדעם	Line
וואַסער	Water
ציִען	Tug
עמער	Bucket
שפּאַס	Fun
כאַפּן	Catch
זיצן	Sit down
שטאָלץ	Proud
חבֿרים	Friends
אַבענטור	Adventure

Questions about the Story

1. Where does Tim go fishing?
   a) In the ocean
   b) In a river
   c) In a lake

2. What does Tim's dad teach him?
   a) How to tie a fishing knot
   b) How to bait the hook and cast the line
   c) How to swim

3. How many fish does Tim catch?
   a) One
   b) Two
   c) Three

4. What do Tim and his dad do after fishing?
   a) Eat a picnic by the lake
   b) Go home immediately
   c) Buy more fishing gear

5. How does Tim feel at the end of the day?
   a) Tired and sad
   b) Proud and excited
   c) Hungry and sleepy

Answer Key

1. c
2. b
3. c
4. a
5. b

<u>דער פארלוירענער הונט</u>

טום האָט אַ קליינעם הונט מיטן נאָמען מאַקס.

איין טאָג גייען טום און מאַקס אין פּאַרק. מאַקס ליבט צו לויפֿן און שפּילן.

טום וואַרפֿט אַ פּילקע אַז מאַקס זאָל עס צוריקברענגען. מאַקס לויפֿט נאָך דער פּילקע און כאַפּט עס.

בשעת מאַקס שפּילט, רעדט טום מיט אַ חבֿר. ווען טום קוקט צוריק, קען ער נישט זען מאַקס.

מאַקס איז פֿאַרלוירן!

טום הייבט אָן זוכן אַרום אין פּאַרק און רופֿט מאַקס מיטן נאָמען.

"מאַקס! ווו ביסטו?" — רופֿט טום.

ער פֿרעגט אַנדערע מענטשן אין פּאַרק אויב זיי האָבן געזען אַ קליינעם הונט. אַלע קוקן אַרום, אָבער קיינער האָט נישט געזען מאַקס.

טום פֿילט זיך באַזאָרגט און גייט ווייטער זוכן.

נאָך אַ ווײַל, הערט טום אַ קלאַפּ.

ער גייט נאָך דעם קלאַנג און געפֿינט מאַקס לעבן אַ בוים, שפּילנדיק זיך מיט אַן אַנדערן הונט.

טום איז זייער פריילעך צו זען מאַקס.

ער נעמט מאַקס אויף און דריקט אים צו זיך.

טום נעמט מאַקס אַהיים און גיט אים אַ באַזונדערן מייַכל.

טום איז צופרידן אַז מאַקס איז זיכער און הבט זיך אָן צו האַלטן אַ בעסער אויג אויף אים די קומענדיקע מאָל.

Vocabulary List

Yiddish Word	English Translation
הונט	Dog
קליינעם	Small
פּאַרק	Park
לויפֿן	Run
שפּילן	Play
פּילקע	Ball
צוריקברענגען	Fetch
רעדט	Talks
חבֿר	Friend
פֿאַרלוירן	Lost
זוכן	Search
רופֿט	Calls
מענטשן	People
באַזאָרגט	Worried
קלאַף	Bark
בוים	Tree
נעמט אויף	Picks up
דריקט צו זיך	Hugs
מיַיכל	Treat
זיכער	Safe

Questions about the Story

1. Where do Tom and Max go?
   a) The park
   b) The beach
   c) The backyard

2. What does Tom throw for Max?
   a) A frisbee
   b) A ball
   c) A stick

3. Why does Tom not see Max?
   a) Max runs away on purpose
   b) Tom is talking to a friend
   c) Max hides behind a tree

4. How does Tom find Max?
   a) He sees him running in the grass
   b) He hears him bark
   c) A stranger tells him where Max is

5. What does Tom do when he finds Max?
   a) He hugs him and gives him a treat
   b) He scolds him for running away
   c) He takes him to the vet

Answer Key

1. a
2. b
3. b
4. b
5. a

<u>דער נייער שכנות־מעשׂה</u>

ליסאַ ווױנט אין אַ קלײן הויז אויף מייפּל־גאַס.

אײן טאָג, קומט אַ אַרומפֿאָר־לאַסטאָווקע צום הויז נעבן איר. ליסאַ איז נײַגעריק און גײט אַרויס צו זען וואָס איז פּאַסירנדיק.

אַ נײַע משפּחה קומט זיך אַריבער!

ליסאַ זעט אַ מאַן, אַ פֿרוי, און צוויי קינדער טראָגן קעסטלעך אין שטוב. זיי אַלע קוקן פֿרײַנדלעך אויס.

ליסאַ באַשליסט זיך פֿאָרצושטעלן. זי גײט צו זיי און זאָגט, **"העלא! איך בין ליסאַ. ברוכים הבאים אין דער געגנט!"**

די פֿרוי שמייכלט און ענטפֿערט, **"אַ דאַנק! איך בין שׂרה, און דאָס איז מײַן מאַן מאַרק און אונדזערע קינדער, עמאַ און ליאַם."**

"שיין צו טרעפֿן אײַך," זאָגט ליסאַ. **"אויב איר דאַרפֿט הילף אָדער האָט פֿראַגן וועגן דער געגנט, לאָזט מיך וויסן."**

שׂרה דאַנקט ליסאַ און זאָגט, **"דאָס איז זייער ליב פֿון דיר. מיר וואָלטן געקענט נוץ האָבן פֿון עצה וועגן גוטע רעסטאָראַנען."**

ליסאַ איז צופרידן צו העלפֿן. זי דערציילט זיי וועגן איר באַליבסטן רעסטאָראַן און די בעסטע געשעפֿטן אין דער שטאָט.

שרה און מאַרק זענען דאנקבאַר און לאַדן ליסאַ צו טרינקען קאַווע מיט זיי דעם נאָכפֿאָלגנדיקן טאָג.

ליסאַ איז אויפֿגערעגט צו מאַכן נײַע חבֿרים.

דער ווײַטער טאָג, גייט זי צו זייער הויז און הנאהט פֿון אַ געשמאַקן שמועס מיט שרה און מאַרק.

עמאַ און ליאַם שפּילן מיט ליליס הונט, און אַלע האָבן אַ פּרעכטיקן צײַט.

ליסאַ איז צופרידן צו האָבן נײַע שכנים און קוקט אַרויס אויף נאָך געשמאַקע מאָמענטן מיט זיי.

Vocabulary List

Yiddish Word	English Translation
הויז	House
אַרומפֿאָר־לאַסטאָווקע	Moving truck
שכנים	Neighbors
משפּחה	Family
מאַן	Man/Husband
פרוי	Woman/Wife
קינדער	Children
קעסטלעך	Boxes
טראָגן	Carry
נייגעריק	Curious
ברוכים הבאים	Welcome
געגנט	Neighborhood
הילף	Help
עצה	Advice
רעסטאָראַן	Restaurant
געשעפֿטן	Shops
דאנקבאַר	Grateful
טרינקען קאַווע	Drink coffee
שמועס	Chat
פריילעך	Happy

Questions about the Story

1. What does Lisa see outside her house?
   a) A new restaurant opening
   b) A moving truck and a new family
   c) A street fair

2. What does Lisa do when she sees the new neighbors?
   a) She ignores them
   b) She introduces herself
   c) She watches from the window

3. What advice do Sarah and Mark ask Lisa for?
   a) Good places to eat
   b) Where to buy furniture
   c) The best schools in the area

4. What does Lisa do the next day?
   a) Helps them unpack boxes
   b) Goes to their house for coffee
   c) Takes them on a tour of the neighborhood

5. Who plays with Lisa's dog?
   a) Sarah and Mark
   b) Emma and Liam
   c) The other neighbors

Answer Key

1. b
2. b
3. a
4. b
5. b

א טאָג אין דער זאָאָ

אַנאַ און איר ברודער, מאַקס, זענען זייער אויפֿגערעגט.
זיי גייען היינט אין דער זאָאָ!

זייער מאַמע פּאַקט אַ פּיקניק־מיטאָג, און זיי שטעלן זיך אין דער מאַשין.
די זאָאָ איז נישט ווייט פֿון זייער הויז, און אין קורצן קומען זיי אָן.

ווען זיי גייען אַריין אין דער זאָאָ, זעען זיי אַ גרויסן שילד וואָס זאָגט: **"ברוכים הבאים אין דער זאָאָ!"**
אַנאַ און מאַקס קענען נישט וואַרטן צו זען די חיות.

דער ערשטער אָפּשטעל איז ביי די מאַלפּעס. די מאַלפּעס שפּרינגען און שפּילן אויף די ביימער.
אַנאַ לאַכט ווען אַ מאַלפּע מאַכט אַ לוסטיקן פּנים.

נאָך דעם, באַזוכן זיי די לייבן. די לייבן שלאָפֿן אין זון.
מאַקס מיינט אַז די לייבן קוקן זייער גרויס און שטאַרק.
אַנאַ נעמט אַ בילד פֿון די לייבן מיט איר קאַמעראַ.

דערנאָך, גייען זיי צו די זשיראַפֿעס. די זשיראַפֿעס זענען זייער הויך און האָבן לאַנגע האַלדזן.
זיי עסן בלעטער פֿון אַ הויך בוים.
אַנאַ און מאַקס פּרוּוון צו דערגרייכן די זשיראַפֿעס מיט די הענט, אָבער זיי זענען צו קליין.

עס קומט די צײַט צו עסן מיטאָג, אַזוי זיי געפֿינען אַ שיין אָרט אונטער אַ בוים און הנאהן פֿון זייער פּיקניק.
מאַקס עסט אַ זאַנדוויטש, און אַנאַ עסט אַ ביסל פֿרוכט.
זיי בעטראכטן די פֿייגל וואָס פֿליִען פאָרביי בשעת זיי עסן.

אין נאָכמיטאָג, באַזוכן זיי די פּינגווינען. די פּינגווינען וואַקלט זיך און גליטשן אויף דער אײַז.
מאַקס מיינט אַז די פּינגווינען זענען זייער זיס. אַנאַ נעמט נאָך בילדער.

ווען דער טאָג ענדיקט זיך, זײַנען אַנאַ און מאַקס מיד אָבער צופרידן.
זיי לאָזן די זאָאָ מיט גרויסע שמייכלן און פֿולע ערינערונגען.
זייביידע מסכּים אַז עס איז געווען אַ געוואַלדיקער טאָג אין דער זאָאָ.

Vocabulary List

Yiddish Word	English Translation
זאָאָ	Zoo
מאַשין	Car
פּיקניק־מיטאָג	Picnic lunch
שילד	Sign
ברוכים הבאים	Welcome
חיות	Animals
מאַלפּעס	Monkeys
לאַכן	Laugh
לייבן	Lions
שלאָפֿן	Sleeping
בילד	Picture
קאַמעראַ	Camera
זשיראַפֿעס	Giraffes
בלעטער	Leaves
נאָכמיטאָג	Afternoon
פּינגווינען	Penguins
וואַקלט זיך	Waddle
גליטשן	Sliding
שמייכל	Smile
ערינערונגען	Memories

Questions about the Story

1. Where are Anna and Max going today?
   a) The zoo
   b) The library
   c) The mountains

2. Which animal do they see first?
   a) Lions
   b) Monkeys
   c) Penguins

3. What are the giraffes eating?
   a) Fruit
   b) Grass
   c) Leaves

4. Where do Anna and Max eat their lunch?
   a) Under a tree
   b) In a restaurant
   c) Back at home

5. How do they feel at the end of the day?
   a) Angry
   b) Tired but happy
   c) Sad

Answer Key

1. a
2. b
3. c
4. a
5. b

א טאָג פֿון איינקויפֿן

עמילי און איר פֿריינדין, לוסי, גייען היינט איינקויפֿן נייע קליידער. זיי זענען אויפֿגערעגט ווייל זיי ווילן טרעפֿן עפּעס ספּעציעל. עמילי דאַרף אַ נײַע יאַקעט, און לוסי זוכט אַ נײַע קלייד.

זיי קומען אָנגעפֿאָרן אין מול און גייען אַריין אין אַ גרויסן קליידער־געשעפֿט. דער געשעפֿט האָט אַ סך קליידער, שיך, און אַקסעסואַרן. עמילי און לוסי הייבן אָן זוכן אַרום.

ערשט גייען זיי צו דער יאַקעט־אָפּטיילונג. עמילי פּרואווט אָן אַ רויטע יאַקעט. זי קוקט זיך אין שפּיגל און שמייכלט. עס פּאַסט איר גאנץ גוט, אָבער זי וויל נאָך זען אַנדערע קאָלירן. לוסי העלפֿט עמילי געפֿינען אַ בלויע און אַ גרינע יאַקעט. עמילי באַשליסט צו קויפֿן די בלויע.

נאָך דעם גייט לוסי צו דער קלייד־אָפּטיילונג. זי פּרואווט אָן אַ בלויען קלייד און דערנאָך אַ געלן קלייד. זי ליבט דעם געלן קלייד דעם מערסטן. ער איז ליכטיק און פריילעך. לוסי געפינט אויך אַ פּאָר פּאַסנדיקע שיך.

נאָך איינקויפֿן, פֿילן עמילי און לוסי זיך פריילעך מיט זייער נײַע קליידער. זיי גיין אין אַ קאַפּע אין מול צו פֿײַרן. זיי זיצן זיך און האָבן הנאה פֿון זאַפֿט און קיכלעך. עמילי און לוסי רעדן וועגן זייערע באַליבסטע טיילן פונעם טאָג. ווען זיי ענדיקן, לאָזן זיי דעם מול מיט זייערע איינקויפֿ־פּעקלעך. זיי מסכּים ביידע אַז

עס איז געווען אַ לוסטיק און מצליחדיקער
איינקויפֿ־טאָג.

Vocabulary List

Yiddish Word	English Translation
איינקויפֿן	Shopping
קליידער	Clothes
ספּעציעל	Special
יאַקעט	Jacket
קלייד	Dress
מול	Mall
קליידער-געשעפֿט	Clothing store
אַקסעסואַרן	Accessories
פּרואוון אָן	Try on
שפּיגל	Mirror
פּאַסט	Fits
קאָלירן	Colors
באַשליסן	Decide
געל	Yellow
ליכטיק	Bright
פּאַסנדיק	Matching
זאַפֿט	Juice
קיכלעך	Cookies
פּעקלעך	Bags
מצליחדיק	Successful

Questions about the Story

1. Why do Emily and Lucy go shopping?
   a) They want new clothes
   b) They want to buy groceries
   c) They want to find a birthday gift

2. Which color jacket does Emily buy?
   a) Red
   b) Blue
   c) Green

3. Which color dress does Lucy like the most?
   a) Blue
   b) Pink
   c) Yellow

4. Where do Emily and Lucy go after shopping?
   a) A café
   b) The park
   c) Lucy's house

5. How do Emily and Lucy feel about their day of shopping?
   a) Tired and upset
   b) Happy and successful
   c) Disappointed

Answer Key

1. a
2. b
3. c
4. a
5. b

א באזוך אין דער ביבליאָטעק

טום און מיאַ זענען אויפֿגערעגט צו באַזוכן די ביבליאָטעק. זיי גייען אַ זוניקן שבת־פֿרי.

טום האָט זײַן ביבליאָטעק־קאַרטע, און מיאַ האָט אַ רשימה פֿון ביכער וואָס זי וויל אויסבאָרגן.

ווען זיי קומען אָן, זעען זיי אַ סך ביכער אויף די שעלוון. טום ליבט אַוואַנטורע־ביכער, און מיאַ ליבט מעשׂיות.

זיי פֿרעגן דעם ביבליאָטעקאַר, ווו זיי קענען טרעפֿן די ביכער. דער ביבליאָטעקאַר ווייזט זיי די אַוואַנטורע־אָפּטיילונג און די מעשׂיות־אָפּטיילונג.

טום און מיאַ דאַנקען דעם ביבליאָטעקאַר און הייבן אָן זוכן זייערע ביכער. טום געפֿינט אַ ספּאַנענדע אַוואַנטורע־בוך וועגן פּיראַטן. מיאַ קלייבט אַ שיינע מעשׂה מיט אַ מאַגישן שלאָס. זיי ביידע טרעפֿן נאָך אַ פּאָר ביכער וואָס זיי גלייכן.

נאָך דעם וואָס זיי האָבן אויסגעקליבן זייערע ביכער, גייען טום און מיאַ צו דער קאַסע־טיש. דער ביבליאָטעקאַר העלפֿט זיי אויסליינען די ביכער און דערמאָנט זיי זיי צוריבערbrengen אין צוויי וואָכן.

טום און מיאַ לאָזן די ביבליאָטעק מיט זייערע נײַע ביכער, אויפֿגערעגט צו הייבן אָן לייענען. זיי פּלאַנירן צו קומען צוריק קומענדיקן חודש צו געפֿינען נאָך מעשׂיות.

Vocabulary List

Yiddish Word	English Translation
ביבליאָטעק	Library
שבת־פֿרי	Saturday morning
ביבליאָטעק־קאַרטע	Library card
רשימה	List
אויסבאָרגן	Borrow
שעלוון	Shelves
אַוואַנטורע־ביכער	Adventure books
מעשׂיות	Fairy tales
ביבליאָטעקאַר	Librarian
אָפּטיילונג	Section
ספּאַנענד	Exciting
פּיראַטן	Pirates
מאַגיש	Magic
שלאָס	Castle
קלײַבן	Choose/Pick
קאַשע־טיש	Checkout desk
העלפֿן	Help
אויסליינען	Check out (books)
דערמאָנט	Reminds
צויבערbrengen	Return

Questions about the Story

1. What type of books does Tom like?
   a) Mystery books
   b) Adventure books
   c) History books

2. What type of books does Mia like?
   a) Science fiction
   b) Biographies
   c) Fairy tales

3. What does Tom find at the library?
   a) An exciting adventure book about pirates
   b) A cookbook about desserts
   c) A big dictionary

4. What does the librarian remind Tom and Mia to do?
   a) Pay for their books
   b) Return their books in two weeks
   c) Keep the books forever

5. When do Tom and Mia plan to come back?
   a) Next week
   b) Next month
   c) Next year

Answer Key

1. b
2. c
3. a
4. b
5. b

א רייזע צום דאָקטער

אַנאַ פֿילט זיך היינט אַ ביסל קראַנק. זי האָט אַ ווייטיקדיקן האַלדז און אַ קאָפּווייטיק. איר מאַמע באַשליסט זי צו נעמען צום דאָקטער.

אַנאַ און איר מאַמע קומען אָן אין דאָקטערס ביורא. די רעצעפּציע שטעלט זיי פֿראַגן וועגן אַנאַס נאָמען און געבוירן־טאָג. אַנאַס מאַמע גיט די אינפֿאָרמאַציע, און זיי וואַרטן אין דער וואַרטע־צימער.

נאָך אַ קורצער ווײַל, רופֿט די נערזשאַנע (ניאַניע) אַנאַס נאָמען. אַנאַ און איר מאַמע גיין מיט איר אין אַ עקזאַמינאַציע־צימער.

די נערזשאַנע קאָנטראָלירט אַנאַס טעמפּעראַטור און פֿרעגט איר אַ פּאָר פֿראַגן וועגן ווי זי פֿילט זיך.

דער דאָקטער קומט אַרײַן און הערט זיך אָן אַנאַס סימפּטאָמען. ער עקזאַמינירט איר האַלדז און הערט זיך אָן איר ברוסטקאַסטן מיט אַ סטעטעסקאָפּ.

ער זאָגט אַנאַ אַז זי האָט אַ קאַלטע און רעקאָמענדירט איר זיך אויסרוען און נעמען מעדיצין.

אַנאַ און איר מאַמע דאַנקען דעם דאָקטער און לאָזן דאָס ביורא. אַנאַ פֿילט זיך בעסער ווען זי ווייסט וואָס עס טוט ווײ און ווי אַזוי זיך צו העלפֿן.

Vocabulary List

Yiddish Word	English Translation
קראַנק	Sick
ווייטיקדיקן האַלדז	Sore throat
קאָפּווייַטיק	Headache
דאָקטער	Doctor
רעצעפּציע	Receptionist
געבוירן־טאָג	Birthdate
וואַרטע־צימער	Waiting room
נערזשאַנע (ניאַניע)	Nurse
עקזאַמינאַציע־צימער	Examination room
קאָנטראָלירן	Check
טעמפּעראַטור	Temperature
סימפּטאָמען	Symptoms
עקזאַמינירן	Examine
ברוסטקאַסטן	Chest
סטעטעסקאָפּ	Stethoscope
קאַלטע	Cold
רעקאָמענדירן	Recommend
אויסרוען	Rest
מעדיצין	Medicine
ביורא	Office

Questions about the Story

1. Why does Anna go to the doctor?
   a) She has a sore throat and headache
   b) She broke her arm
   c) She needs a check-up for school

2. Who checks Anna's temperature?
   a) The receptionist
   b) The nurse
   c) The doctor

3. What does the doctor say Anna has?
   a) A broken bone
   b) A fever
   c) A cold

4. How does Anna feel after the doctor's visit?
   a) Better because she knows how to get well
   b) More worried than before
   c) Unhappy with the advice

5. Where do Anna and her mother wait before going to the examination room?
   a) In the doctor's car
   b) In the waiting room
   c) In the main hallway

Answer Key

1. a
2. b
3. c
4. a
5. b

קאכן מיטאָג

טום און זײַן משפּחה באַשליסן צו קאכן מיטאָג צוזאַמען.
טומס מאַמע וויל מאַכן שפּאַגעטי. זי בעט טום צו העלפֿן מיטן קאכן. טום איז אויפֿגערעגט צו העלפֿן.

ערשטens וואַשט טום זײַנע הענט און ציט אָן אַ אַפּראָן.
טומס מאַמע גרייט צו די אינגרעדיענטן: פּאַסטאַ, טומאַטעס און קעז.
טום העלפֿט דורך שנײַדן די טומאַטעס. ער איז אָפּגעהיטן מיטן מעסער.

בשעת טום שנײַדט, קאָכט זײַן מאַמע די פּאַסטאַ אין אַ גרויסן טאָפּ. די פּאַסטאַ קאָכט זיך בערך צען מינוט.
טום רירט די טומאַטעס אין אַ פּאַנע מיט אַ ביסל ייל.
די קיך רייכערט זייער געשמאַק.

ווען די פּאַסטאַ איז גרייט, מישט טומס מאַמע עס מיט דער טומאַטן-סאָוס. זיי לייגן אויך אביסל קעז אויבן אָן.

טום און זײַן משפּחה זיצן בײַם טיש און הנאהן פֿון זייער מאַהלצייט.
זיי אַלע שטימען צו אַז עס געשמאַקט זייער געשמאַק!

Vocabulary List

Yiddish Word	English Translation
קאכן	To cook
מיטאָג	Dinner (meal)
שפּאַגעטי	Spaghetti
העלפֿן	To help
אויפֿגערעגט	Excited
אַפּראָן	Apron
אינגרעדיענטן	Ingredients
פּאַסטאַ	Pasta
טומאַטעס	Tomatoes
קעז	Cheese
שנייַדן	To chop/cut
אָפּגעהיטן	Careful
מעסער	Knife
קאָכן	To cook (boil)
טאַפּ	Pot
ייל	Oil
מישן	To mix
טומאַטן-סאָוס	Tomato sauce
מאַהלצייט	Meal
געשמאַק	Delicious

Questions about the Story

1. What does Tom's mother want to cook?
   a) Spaghetti
   b) Soup
   c) Salad

2. What does Tom do to help?
   a) Washes the dishes
   b) Chops the tomatoes
   c) Prepares the cheese

3. How long does the pasta cook?
   a) About five minutes
   b) About ten minutes
   c) About twenty minutes

4. What do they add on top of the pasta and sauce?
   a) Cheese
   b) Salt
   c) Olives

5. How do they feel about the finished meal?
   a) They think it tastes delicious
   b) They think it needs more salt
   c) They are too full to eat

Answer Key

1. a
2. b
3. b
4. a
5. a

א רייזע צו דעם ים

טום און זײַן משפּחה האָבן באַשלאָסן צו גיין אויף דעם ים־ברעג פֿאַר איין טאָג.

זיי האָבן אַרײַנגעפּאַקט אין אַ גרויסן זעקל האַנטעכלעך, זונקרעם, און נאַשן.

ווען זיי קומען אָן, שיינט די זון שטאַרק. טום און זײַן שוועסטער, לילי, לויפֿן צו וואַסער און הייבן אָן שפּילן.

טום בויעט אַ זאַמד־שלאָס, בשעת לילי קלײַבט זאַמדלינגען. זייערע עלטערן שטעלן אויפֿן אַמבאַלע און לייגן אַרויס די דעקלעך.

נאָך אַ ווײַל עסן זיי זאַנדוויטשן און פֿרוכט. זיי שפּילן בּיטש־וואָלי־באָל און שווימען אין ים.

אין נאָכמיטאָג, גייען זיי שפּאַצירן בײַם ברעג און קוקן ווי דער זון גייט אונטער. טום און לילי זײַנען מיד, אָבער צופרידן.

זיי פּאַקן צונויף זייערע זאַכן און פֿאָרן אַהיים, פריילעך צו געבן אַ קוק אַויף זייער קומענדיקן ים־טריפּ.

Vocabulary List

Yiddish Word	English Translation
ים־ברעג	Beach
האַנטעכלעך	Towels
זונקרעם	Sunscreen
נאַשן	Snacks
שיינט	Shining
שוועסטער	Sister
לויפֿן	Run
זאַמד־שלאָס	Sandcastle
קלײַבן	Collect
זאַמדלינגען	Seashells
אַמבאַלע	Umbrella
דעקלעך	Blankets
זאַנדוויטשן	Sandwiches
בּיטש־וואָלי־באָל	Beach volleyball
שווימען	Swim
נאָכמיטאָג	Afternoon
שפּאַצירן	Take a walk
זון גייט אונטער	Sunset
פּאַקן צונויף	Pack up
קומענדיק	Next

Questions about the Story

1. Where do Tom and his family decide to go?
   a) To the mountains
   b) To the beach
   c) To the city

2. What does Lily collect?
   a) Pebbles
   b) Seashells
   c) Seaweed

3. What do they eat for lunch?
   a) Sandwiches and fruit
   b) Pizza and fries
   c) Salad and soup

4. Which game do they play on the beach?
   a) Soccer
   b) Basketball
   c) Beach volleyball

5. How do Tom and Lily feel at the end of the day?
   a) Tired but happy
   b) Sad and hungry
   c) Full of energy

Answer Key

1. b
2. b
3. a
4. c
5. a

א טאָג אין גאָרטן

טום און זײַן משפּחה האָבן אָפּגעשטעלט אַ טאָג אין זייער גאָרטן.
עס איז געווען אַ זוניקער טאָג, פּאַסיק צו גאַרטנערן.

טומס טאַטע האָט באַשלאָסן צו פלאנצן נײַע בלומען. ער האָט אויסגעקליבן קאָלירפֿולע טוליפּן און ליכטיקע דאַפֿאָדילן.

טומס מאַמע האָט צוגעגרייט די ערד מיט אַ שפּאַטן און אַ גרייפל. טומס קליינע שוועסטער, לילי, האָט אויך געוואָלט העלפֿן. זי איז אויפֿגערעגט צו נוצן איר קליינעם שובל. זי האָט אויסגעלאָזט קליינע לעכער פֿאַר די בלומען.

טום האָט געהאָלפֿן דורכן גיסן די געוויקסן מיט אַ גאָרטנשויך. נאָכן פלאנצן די בלומען, האָט די משפּחה געמאכט אַ פּיקניק אין גאָרטן. זיי האָבן געגעסן זאַנדוויטשן, פֿרוכט און לעמאָנאַד.

טום און לילי האָבן געשפּילט מיט זייער פּילקע, בזמן ווען זייערע עלטערן האָבן זיך אויסגערוט אויפֿן גראָז.

בײַם סוף פונעם טאָג, האָט דער גאָרטן אויסגעזען זייער שיין מיט די נײַע בלומען. די משפּחה איז געווען פריילעך און מיד. זיי האָבן אויסגערייניקט זייער פּיקניק און אַרײַנגעגאַנגען אינדערהיים צו רוען זיך אויס.

Vocabulary List

Yiddish Word	English Translation
גאָרטן	Garden
זוניקער	Sunny
גאַרטנערן	Gardening
טאַטע	Father
מאַמע	Mother
שוועסטער	Sister
בלומען	Flowers
טוליפּן	Tulips
דאַפֿאָדילן	Daffodils
ערד	Soil
שפּאַטן	Spade
גרייפּל	Rake
שובל	Shovel
גאָרטנשויך	Garden hose
גיסן	To water/pour
געוויקסן	Plants
פּיקניק	Picnic
זאַנדוויטשן	Sandwiches
לעמאָנאַד	Lemonade
מיד	Tired

Questions about the Story

1. Which flowers did Tom's father choose?
   a) Tulips and daffodils
   b) Roses and daisies
   c) Lilies and sunflowers

2. What does Lucy use to help in the garden?
   a) A rake
   b) A big spade
   c) A small shovel

3. Who waters the plants with a hose?
   a) Lucy
   b) Tom
   c) Their mother

4. What do they do after planting the flowers?
   a) They paint the fence
   b) They read books
   c) They have a picnic

5. How do they feel by the end of the day?
   a) Tired but happy
   b) Bored
   c) Sad

Answer Key

1. a
2. c
3. b
4. c
5. a

וואשן די מאשין

הײַנט גייען מאַרק און זײַן טאַטע וואַשן די מאַשין. די מאַשין איז שמוציק ווייל עס האָט גערעגנט פֿאַרגאַנגענע וואָך. מאַרק איז אויפֿגערעגט צו העלפֿן זײַן טאַטע.

ערשט נעמען מאַרק און זײַן טאַטע אַ בײדל וואַסער און אַ ביסל זייף. מאַרקנס טאַטע ווײַזט אים ווי צו רייניגן די מאַשין מיט אַ שוואָם. מאַרק וואַשט די טירן, און זײַן טאַטע וואַשט די פֿענצטער.

נאָך דעם, שפּריצן זיי די מאַשין מיטן שפּריצהויז. דער וואַסער באָדן וואַשט אַוועק דעם זייף, און די מאַשין הייבט אָן אויסזען ריין. מאַרק האַלט דעם שפּריצהויז בזמן ווען זײַן טאַטע טריקנט די מאַשין מיט אַ האַנטעכל.

ווען זיי ענדיקן, איז די מאַשין גלענצנדיק און ריין. מאַרקנס טאַטע דאַנקט אים פֿאַר זײַן הילף. מאַרק פֿילט זיך פרייליך ווייל ער האָט געטאָן אַ גוטן אַרבעט.

Vocabulary List

Yiddish Word	English Translation
מאַשין	Car
שמוציק	Dirty
גערעגנט	It rained
אויפֿגערעגט	Excited
ביידל וואַסער	Bucket of water
זייף	Soap
שוואָם	Sponge
וואַשט	Washes
טירן	Doors
פֿענצטער	Windows
שפּריצהויז	Hose
באָדן	Stream (of water)
זען אויס	Look (appearance)
טריקנט	Dries
האַנטעכל	Towel
גלענצנדיק	Shiny
הילף	Help
אַרבעט	Job
שמייכל	Smile
פריילעך	Happy

Questions about the Story

1. Why is the car dirty?
   a) Because it rained last week
   b) Because Mark poured juice on it
   c) Because they never clean it

2. What does Mark use to wash the doors?
   a) A towel
   b) A brush
   c) A sponge

3. How do Mark and his dad rinse the car?
   a) With a bucket
   b) With a hose
   c) With a cloth

4. Who dries the car?
   a) Mark
   b) Mark's dad
   c) The neighbor

5. How does Mark feel at the end of the day?
   a) Surprised
   b) Angry
   c) Happy

Answer Key

1. a
2. c
3. b
4. b
5. c

Made in the USA
Las Vegas, NV
25 March 2025

20090394R00039